KB209653

1학년 2학기
급수표

받아쓰기

스쿨존에듀
SCHOOLZONE

1학년 2학기 급수표 받아쓰기

ISBN 979-11-92878-33-1 63710 ‖ **초판 1쇄 펴낸날** 2024년 11월 30일

펴낸이 정혜옥 ‖ **기획** 컨텐츠연구소 수(秀)

표지디자인 twoesdesign.com ‖ **내지디자인** 이지숙

홍보 마케팅 최문섭 ‖ **편집** 연유나, 이은정 ‖ **편집지원** 소노을

펴낸곳 스쿨존에듀 ‖ **출판등록** 2021년 3월 4일 제 2021-000013호

주소 04779 서울시 성동구 뚝섬로 1나길 5(헤이그라운드) 7층

전화 02)929-8153 ‖ **팩스** 02)929-8164 ‖ **E-mail** goodinfobooks@naver.com

블로그 blog.naver.com/schoolzoneok

스마트스토어 smartstore.naver.com/goodinfobooks

■ 스쿨존에듀(스쿨존)는 굿인포메이션의 자회사입니다. ■ 잘못된 책은 본사나 구입하신 서점에서 바꾸어 드립니다.

도서출판 스쿨존에듀(스쿨존)는 교사, 학부모님들의 소중한 의견을 기다립니다. 책 출간에 대한
기획이나 원고가 있으신 분은 이메일 goodinfobooks@naver.com으로 보내주세요.

초등학교 입학 후 첫 도전, 받아쓰기 시험

받아쓰기 급수표! 정답 다 알려주고 치르는 시험이지만 아이도 엄마도 여간 떨리는 게 아닙니다. 첫 시험이니까요. 어떻게 공부하면 받아쓰기 시험에서 만점을 받을 수 있을까요? 점수 자체가 중요해서라기보다 태어나 처음 치르는 학교시험이라는 점에서 높은 점수는 아이의 자존감을 살리고 학교생활에 자신감을 불어넣어 줍니다. 그러니 이왕 치르는 시험, 잘 준비하여 좋은 점수 받으면 좋겠지요? 집에서 조금만 신경을 써 줘도 큰 효과를 볼 수 있습니다.

학교에서 받아쓰기 급수표를 나누어주는 이유가 무엇인지 생각해 보아요. 집에서 연습하고 오라는 뜻입니다. 그렇다면 이 급수표를 어떻게 활용하면 좋을까요? 제대로 익히는 과정 없이 곧바로 불러주면 아이에게 부담줄 수 있으니 단계적으로 연습시켜야 해요. <1-2 급수표 받아쓰기>는 학교에서 나눠주는 '급수표'에 초점을 맞추어 숙련된 엄마표 방식을 덧붙였습니다. 이런 방식으로 시켜 보니 아이도 재밌어하고 받아쓰기 시험도 만만해졌답니다.

교과과정의 시스템을 따라가며 집에서 보완하는 공부가 진정한 엄마표 홈스쿨링의 목표인 만큼 아이들이 적극적으로 참여하도록 재미있는 놀이터와 소리내어 읽기, 따라쓰기를 반복하면서 철자가 자연스럽게 몸에 밸 수 있도록 구성하였습니다.

일러두기

- 1-2 국어 교과서에서 선별했습니다.
- <큰소리로 읽고> <여러 번 쓰고> <연습시험을 보는> 기본 3단 형태
- 학교 선생님들이 주시는 받아쓰기 급수표 참조, 가장 자주 나오는 유형을 모았어요.
- 가장 많이 사용하는 15급 기준! 단원별로 주 1회 받아쓰기를 대비해요.
- 읽기 4번, 쓰기 3번을 권하지만 무리하지는 마세요. 재밌고 쉽게 하는 게 원칙이에요.
- 받아쓰기를 보지 않거나 줄여서 보는 학교도 있어요. 그래도 익혀두면 좋겠지요?
- 칭찬은 많이, 구체적으로! 칭찬은 없던 자신감도 생기게 해요.

맞춤법 공부는 이렇게 해요~ 스르륵스르륵!

"한글 맞춤법은 표준어를 소리 나는 대로 적되, 어법에 맞게 함을 원칙으로 한다." (한글맞춤법 총칙 제1항)

받아쓰기와 맞춤법 공부는 떼놓을 수 없는 단짝이지요. 힘겹게 연필을 쥐고, 더듬더듬 읽고, 자기도 알아볼 수 없는 글자를 쓰는 어린 아이들에게 맞춤법까지 잘하라 하기에는 너무 가혹합니다. 소리와 다른 철자, 아무리 외워도 헷갈리는 띄어쓰기, 요상하게 생긴 문장부호 등은 외우는 데도 한계가 있습니다. 아이들이 틀린다고 나무라지 마세요. 자꾸 반복해 읽고, 보고, 들으며 공부하는 수밖에 없습니다.

우리말에는 소리와 생김새가 같은 말도 있지만, '국어'(구거)처럼 소리와 생김새가 다른 말도 많고, '내' / '네'처럼 소리는 같지만 뜻이 다른 경우들도 많이 있습니다. 아래 표 속의 어휘들이 그런 예입니다. 부모님들이 읽고 설명해 주세요.

【받침이 넘어가서 소리나는 경우】	【서로 닮아가며 소리나는 경우】
꽃이 ➡ 꼬치	공룡 ➡ 공뇽
꽃놀이 ➡ 꼰노리	설날 ➡ 설랄
꽃다발 ➡ 꼳따발	앞마당 ➡ 암마당
악어 ➡ 아거	앞머리 ➡ 암머리
어린이 ➡ 어리니	국물 ➡ 궁물
지갑에 ➡ 지가베	
웃어요 ➡ 우서요	
【받침이 2개인 경우】	【글자와 다르게 소리나는 경우】
많다 ➡ 만타	손등 ➡ 손뜽
맑다 ➡ 막따	눈사람 ➡ 눈싸람
여덟 ➡ 여덜	해돋이 ➡ 해도지
앓다 ➡ 알타	같이 ➡ 가치
밝았다 ➡ 발갇따	묻히다 ➡ 무치다
넓어서 ➡ 널버서	등받이 ➡ 등바지
끓여서 ➡ 끄려서	

아래 표는 소리도 생긴 것도 비슷하지만 다르게 쓰는 사례예요. 어쩔 수 없이 외워야 하죠. 자주 보고 읽다 보면 문장 속에서 어떻게 쓰이는지 자연스럽게 익히게 된답니다. 헷갈리기 쉬운 말, 사이시옷이 들어가는 낱말 등도 계속 읽고 쓰며 반복하다 보면 익혀지니 겁먹지 마세요.

발음이 비슷하지만 뜻은 다른 말	낳다/낫다/낮다 짓다/짖다 짚다/집다 맡다/맞다 섞다/썩다 갖다/같다/갔다
모양이 비슷해서 헷갈리는 말	왠-/웬- 며칠/몇일(×) 알맞은/알맞는(×) 윗-/웃- 없다/업다/엎다
사이시옷이 들어가는 낱말	나뭇잎/냇가/바닷가/노랫말/등굣길/하굣길/빗소리
쉽게 틀리는 낱말	육개장/떡볶이/찌개/희한하다/애들아/얘기
자주 헷갈리는 낱말	비로소(비로서×)/아무튼(아뭏든×) /덥석(덥썩×)

컨텐츠연구소 수(秀)

순서에 맞게 자음자, 모음자 쓰기

자음자, 모음자를 읽으며 바르게 써 보세요.

ㄱ	ㄱ	ㄱ	ㄱ
ㄴ	ㄴ	ㄴ	ㄴ
ㄷ	ㄷ	ㄷ	ㄷ
ㄹ	ㄹ	ㄹ	ㄹ
ㅁ	ㅁ	ㅁ	ㅁ
ㅂ	ㅂ	ㅂ	ㅂ
ㅅ	ㅅ	ㅅ	ㅅ
ㅇ	ㅇ	ㅇ	ㅇ
ㅈ	ㅈ	ㅈ	ㅈ
ㅊ	ㅊ	ㅊ	ㅊ
ㅋ	ㅋ	ㅋ	ㅋ
ㅌ	ㅌ	ㅌ	ㅌ

ㅍ	ㅍ	ㅍ	ㅍ
ㅎ	ㅎ	ㅎ	ㅎ
ㅏ	ㅏ	ㅏ	ㅏ
ㅑ	ㅑ	ㅑ	ㅑ
ㅓ	ㅓ	ㅓ	ㅓ
ㅕ	ㅕ	ㅕ	ㅕ
ㅗ	ㅗ	ㅗ	ㅗ
ㅛ	ㅛ	ㅛ	ㅛ
ㅜ	ㅜ	ㅜ	ㅜ
ㅠ	ㅠ	ㅠ	ㅠ
ㅡ	ㅡ	ㅡ	ㅡ
ㅣ	ㅣ	ㅣ	ㅣ

7

자음과 모음을 연결해 읽으며 바르게 써 보세요.

	ㅏ	ㅑ	ㅓ	ㅕ	ㅗ	ㅛ	ㅜ	ㅠ	ㅡ	ㅣ
ㄱ	가	갸	거	겨	고	교	구	규	그	기
ㄴ	나	냐	너	녀	노	뇨	누	뉴	느	니
ㄷ	다	댜	더	뎌	도	됴	두	듀	드	디
ㄹ	라	랴	러	려	로	료	루	류	르	리
ㅁ	마	먀	머	며	모	묘	무	뮤	므	미
ㅂ	바	뱌	버	벼	보	뵤	부	뷰	브	비
ㅅ	사	샤	서	셔	소	쇼	수	슈	스	시
ㅇ	아	야	어	여	오	요	우	유	으	이
ㅈ	자	쟈	저	져	조	죠	주	쥬	즈	지
ㅊ	차	챠	처	쳐	초	쵸	추	츄	츠	치
ㅋ	카	캬	커	켜	코	쿄	쿠	큐	크	키
ㅌ	타	탸	터	텨	토	툐	투	튜	트	티
ㅍ	파	퍄	퍼	펴	포	표	푸	퓨	프	피
ㅎ	하	햐	허	혀	호	효	후	휴	흐	히

1학년 2학기 받아쓰기 급수표

(1급) 1단원 기분을 말해요

1. 단풍이 울긋불긋
2. 빗방울이 후드득
3. 주의를 기울여서
4. 옷이 젖어서
5. 뿌듯했어요.
6. 난 네가 부러워.
7. 꽃이 활짝
8. 노래를 부를 때
9. 첨벙첨벙 물놀이
10. 회전목마를 타서

(2급) 1단원 기분을 말해요

1. 응원해 줘서 기뻤어.
2. 노랫말이 떠오르지
3. 거울이 떨어지며
4. 모자를 벗습니다.
5. 입원해서 걱정했어.
6. 여러 색깔의 단풍잎
7. 우르릉 쾅쾅!
8. 코를 휘휘 휘저으며
9. 너희 집 찾아 줄게!
10. 바스락 소리가 났다.

(3급) 2단원 낱말을 정확하게 읽어요

1. 떠들지 않습니다.
2. 우산을 잃어버렸다.
3. 연필심이 닳았다.
4. 흙이 어디 있는지
5. 하늘이 이렇게 맑아
6. 빠르게 찾을 수 있습니다.
7. 제자리에 둡니다.
8. 오늘 하루 어땠니.
9. 쓱 입을 닦아요.
10. 참외가 되는 건 쉽지 않아.

(4급) 2단원 낱말을 정확하게 읽어요

1. 감기를 앓다.
2. 만지지 않습니다.
3. 땅을 밟다.
4. 박물관을 관람할 때
5. 우유를 쏟을 뻔했다.
6. 재빨리 팔꿈치로
7. 부딪치지 않을 수
8. 머리를 긁는다.
9. 빵값이 비싸다.
10. 붉게 물들었어요.

(5급) 3단원 그림일기를 써요

1. 빨갛게 익은 사과
2. 허리를 펴고
3. 경험한 일이 드러나게
4. 시끄럽고 복잡해요.
5. 거울을 닦습니다.
6. 한눈팔지 않아요.
7. 봉지째 가져오지 말고
8. 방해하면 안 돼
9. 일곱 시에 일어났다.
10. 귀 기울여 듣는다.

(6급) 4단원 감동을 나누어요

1. 옛날 옛적에
2. 많이 얻을 수 있어.
3. 훔쳐 도망갔습니다.
4. 숨어들었습니다.
5. "그쳐라, 밥!"
6. 표정, 몸짓을 자세히
7. 반찬을 골고루 잘
8. 얼굴을 씻습니다.
9. 약속에 늦지 않게
10. 땅이 움푹하게 파인

(7급) 4단원 감동을 나누어요

1. 바닷속에 가라앉고
2. 배 안에 쌓여
3. 새콤달콤한 맛이
4. 양 떼를 몰고 풀밭으로
5. 꽃을 따 드리기로
6. 벌렁 드러누운
7. 깜짝 놀라 뛰어왔어요.
8. 꿩의 어린 새끼.
9. 왜 혼자 까투리 가족의
10. 숲으로 왔어요!

(8급) 5단원 생각을 키워요

1. 젊어지는 샘물
2. 흠뻑 빠졌지만
3. 책을 펼치면
4. 금방 뚝 떨어진다.
5. 기특하구나.
6. 돌리기를 포기하지 않고
7. 맨 아래쪽 빈칸부터
8. 웃음은 힘이 세다.
9. 도토리를 돌려주세요!
10. 꽉 움켜쥐고

(9급) 5단원 생각을 키워요

1. 충전할 필요 없어…
2. 떠다니지 않게
3. 연필 한 자루
4. 뭘 할 수 있어?
5. 안타까웠고 응원해.
6. 재주 많은 다섯 친구
7. 잘 때에는 벽에 붙여 놓은
8. 한글은 백성의 삶을
9. 한 획을 더 그으면
10. 겨울철 야생 동물의 먹이

(10급) 6단원 문장을 읽고 써요

1. 여럿이 함께
2. "오, 괜찮은데?"
3. 세 개씩 묶었어요.
4. 빨개지고 가려워지니
5. 종이를 뒤집어서
6. 밤새 전등이 켜져
7. 괜찮다고 했는데요
8. 귓속을 청소하기도
9. 며칠 동안만
10. 눈곱만큼도요!

(11급) 6단원 문장을 읽고 써요

1. 머리카락을 땋았어요.
2. 꾀꼬리의 아름다운 목소리
3. 일회용품을
4. 자전거 페달을 돌려
5. 마음껏 뛰어놀았어요.
6. 애쓰는 게 좋단다.
7. 옆에 앉아 있어야
8. 그건 안 돼요.
9. 잊지 않았지요.
10. 맨 앞자리에 앉아야 된다고

(12급) 7단원 무엇이 중요할까요

1. 잡을까 봐 조마조마했다.
2. 필통을 잃어버리는 바람에
3. 달콤하고 짭쪼름했다.
4. 문어의 빨판을 본떠
5. 가방을 열어젖혔어.
6. 철석같이 약속을 하고는
7. 눈을 흘기면서도
8. 초강력 끈적 대마왕
9. 모두 합쳐 부르는 이름
10. 등대는 밤에도 불을 밝혀

(13급) 7단원 무엇이 중요할까요

1. 뚫어지게 쳐다봤어.
2. 깨끗이 깎아 오기.
3. 연필도 싹 사라졌는걸.
4. 흥미롭게 느껴졌다.
5. 개미집에 꼭꼭 숨었나 봐.
6. 살짝 도망갔나 봐.
7. 잘 달라붙습니다.
8. 얄밉게 끼어들었지.
9. 갈고리 모양의 가시
10. 쉽게 붙였다 떼었다 할 수

(14급) 8단원 느끼고 표현해요

1. 창문에 재채기했다
2. 내 착각이었어.
3. 농부가 밭을 갈다가
4. 버터에 달달 볶은 다음
5. 텅텅 빈 상자
6. 준이가 준 쪽지가 있었어.
7. 내가 뽑혔다는 걸.
8. 브로콜리 섞어 주고
9. 가방도 다 누웠다
10. 맨날 같이 놀던

(15급) 8단원 느끼고 표현해요

1. 목도 쏙 집어넣고
2. 서로 토라지기도
3. 깃털을 한 웅큼
4. 다 따라 해 볼 거거든.
5. 건널목에서 마주쳤습니다.
6. 옷깃 사이로 집어넣고도
7. 효과가 없는 거야?
8. 뉘우치지 않았습니다.
9. 자그마한 실수를 부풀려
10. 항아리를 깨부숴야겠어.

★ 1급 1단원 기분을 말해요

① 단풍이 울긋불긋
② 빗방울이 후드득
③ 주의를 기울여서
④ 옷이 젖어서
⑤ 뿌듯했어요.
⑥ 난 네가 부러워.
⑦ 꽃이 활짝
⑧ 노래를 부를 때
⑨ 첨벙첨벙 물놀이
⑩ 회전목마를 타서

읽었어요!

①	②	③	④

공부한 날 _____ 월 _____ 일

11

바른 자세로 하나하나 따라 써 보세요.

1 단풍이 울긋불긋

2 빗방울이 후드득

3 주의를 기울여서

4 옷이 젖어서

5 뿌듯했어요.

⑥ 난 네가 부러워.

⑦ 꽃이 활짝

⑧ 노래를 부를 때

⑨ 첨벙첨벙 물놀이

⑩ 회전목마를 타서

바다 동물의 그림자를 찾아 연결해 보세요.

1급 실천 Test

불러 주는 문장을 잘 듣고 받아 써 보세요.

번호	받아쓰기

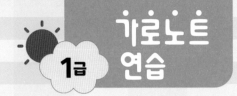

불러 주는 문장을 잘 듣고 받아 써 보세요.

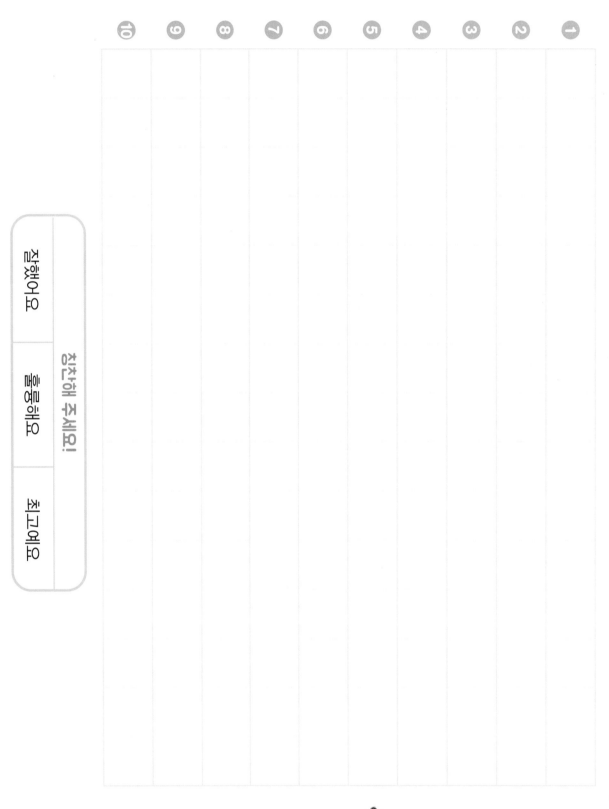

⑩ ⑨ ⑧ ⑦ ⑥ ⑤ ④ ③ ② ①

참 잘했어요 훌륭해요 최고예요

칭찬해 주세요!

돌려서 사용해요!

★ 2급 1단원 기분을 말해요

① 응원해 줘서 기뻤어.
② 노랫말이 떠오르지
③ 거울이 떨어지며
④ 모자를 벗습니다.
⑤ 입원해서 걱정했어.
⑥ 여러 색깔의 단풍잎
⑦ 우르릉 쾅쾅!
⑧ 코를 휘휘 휘저으며
⑨ 너희 집 찾아 줄게!
⑩ 바스락 소리가 났다.

읽었어요!

①	②	③	④

공부한 날 _____ 월 _____ 일

① 응원해줘서 기뻤어.

② 노랫말이 떠오르지

③ 거울이 떨어지며

④ 모자를 벗습니다.

⑤ 입원해서 걱정했어.

⑥ 여러 색깔의 단풍잎

⑦ 우르릉 쾅쾅 !

⑧ 코를 휘휘 휘저으며

⑨ 너희 집 찾아 줄게 !

⑩ 바스락 소리가 났다 .

놀이터

귀여운 외계인이 UFO로 갈 수 있게 길을 찾아보세요.

실천 Test

불러 주는 문장을 잘 듣고 받아 써 보세요.

번호	받아쓰기

칭찬해 주세요!

잘했어요	최고예요

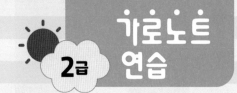

불러 주는 문장을 잘 듣고 받아 써 보세요.

⑩ ⑨ ⑧ ⑦ ⑥ ⑤ ④ ③ ② ①

칭찬해 주세요!

잘했어요 훌륭해요 최고예요

돌려서 사용해요!

★ 3급 2단원 낱말을 정확하게 읽어요

① 떠들지 않습니다.

② 우산을 잃어버렸다.

③ 연필심이 닳았다.

④ 흙이 어디 있는지

⑤ 하늘이 이렇게 맑아

⑥ 빠르게 찾을 수 있습니다.

⑦ 제자리에 둡니다.

⑧ 오늘 하루 어땠니,

⑨ 쓰윽 입을 닦아요.

⑩ 참외가 되는 건 쉽지 않아.

읽었어요!

| ① | ② | ③ | ④ |

공부한 날 _____ 월 _____ 일

바른 자세로 하나하나 따라 써 보세요.

① 떠들지 않습니다.

② 우산을 잃어버렸다.

③ 연필심이 닳았다.

④ 흙이 어디 있는지

⑤ 하늘이 이렇게 맑아

6 빠르게 찾을 수 있습니다.

7 제자리에 둡니다.

8 오늘 하루 어땠니,

9 쓱 입을 닦아요.

⑩ 참외가 되는 건 쉽

지 않아.

불러 주는 문장을 잘 듣고 받아 써 보세요.

번호	받아쓰기

칭찬해 주세요!

잘했어요	최고예요

가로노트 연습

3급

불러 주는 문장을 잘 듣고 받아 써 보세요.

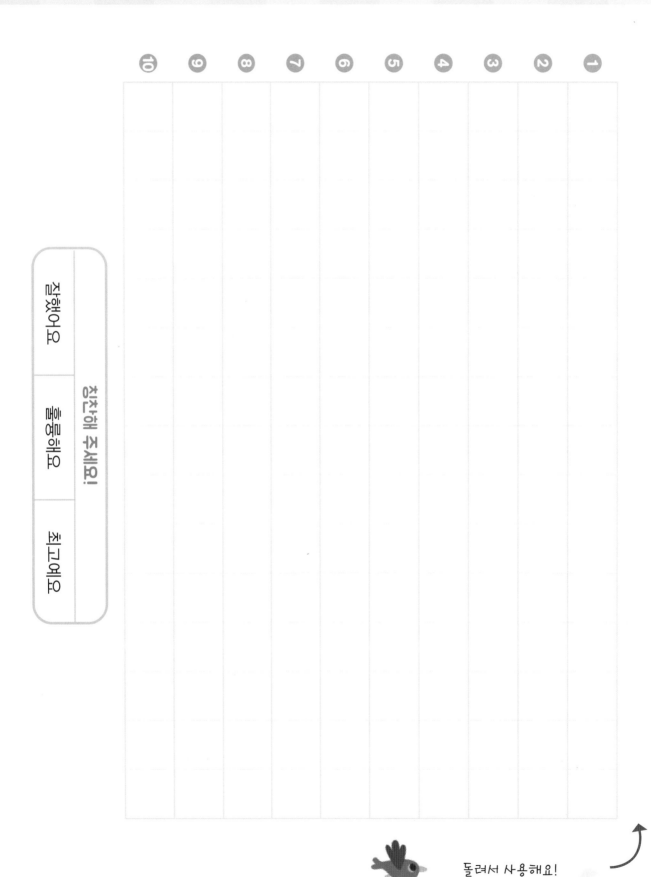

칭찬해 주세요!

잘했어요	훌륭해요	최고예요

돌려서 사용해요!

★ 4급 2단원 낱말을 정확하게 읽어요

① 감기를 앓다.
② 만지지 않습니다.
③ 땅을 밟다.
④ 박물관을 관람할 때
⑤ 우유를 쏟을 뻔했다.
⑥ 재빨리 팔꿈치로
⑦ 부딪치지 않을 수
⑧ 머리를 긁는다.
⑨ 빵값이 비싸다.
⑩ 붉게 물들었어요.

읽었어요!

| ① | ② | ③ | ④ |

공부한 날 _____월 _____일

바른 자세로 하나하나 따라 써 보세요.

① 감기를 앓다.

② 만지지 않습니다.

③ 땅을 밟다.

④ 박물관을 관람할 때

⑤ 우유를 쏟을 뻔했다.

30

⑥ 재빨리 팔꿈치로

⑦ 부딪치지 않을 수

⑧ 머리를 긁는다.

⑨ 빵값이 비싸다.

⑩ 붉게 물들었어요.

영어 알파벳을 순서대로 연결해 보고 색칠해 보세요.

불러 주는 문장을 잘 듣고 받아 써 보세요.

번호	받아쓰기

칭찬해 주세요!

잘했어요	최고예요

4급

가로노트
연습

불러 주는 문장을 잘 듣고 받아 써 보세요.

⑩ ⑨ ⑧ ⑦ ⑥ ⑤ ④ ③ ② ①

칭찬해 주세요!

잘했어요	훌륭해요	최고예요

돌려서 사용해요!

★ 5급 3단원 **그림일기를 써요**

① 빨갛게 익은 사과
② 허리를 펴고
③ 경험한 일이 드러나게
④ 시끄럽고 복잡해요.
⑤ 거울을 닦습니다.
⑥ 한눈팔지 않아요.
⑦ 봉지째 가져오지 말고
⑧ 방해하면 안 돼
⑨ 일곱 시에 일어났다.
⑩ 귀 기울여 듣는다.

읽었어요!			
①	②	③	④

공부한 날 _____월 _____일

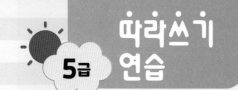
① 빨 갛 게   익 은   사 과

② 허 리 를   펴 고

③ 경 험 한   일 이   드 러 나

게

④ 시 끄 럽 고   복 잡 해 요 .

⑤ 거울을 닦습니다.

⑥ 한눈팔지 않아요.

⑦ 봉지째 가져오지 말

고

⑧ 방해하면 안 돼

⑨ 일곱 시에 일어났다.

⑩ 귀 기울여 듣는다.

불러 주는 문장을 잘 듣고 받아 써 보세요.

번호	받아쓰기

칭찬해 주세요!

잘했어요	최고예요

불러 주는 문장을 잘 듣고 받아 써 보세요.

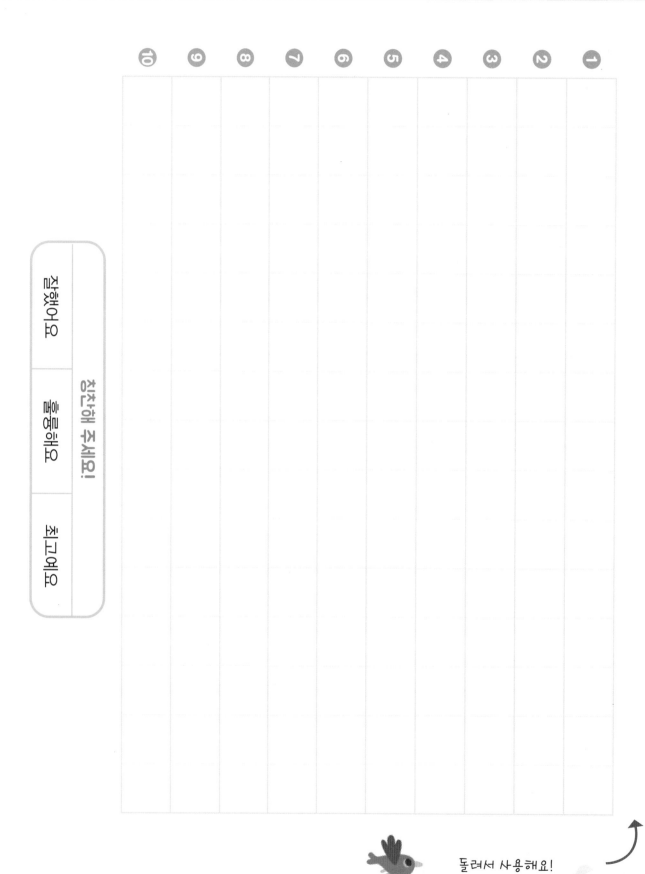

잘했어요   훌륭해요   최고예요

칭찬해 주세요!

돌려서 사용해요!

★ 6급 4단원 감동을 나누어요

❶ 옛날 옛적에
❷ 많이 얻을 수 있어.
❸ 훔쳐 도망갔습니다.
❹ 숨어들었습니다.
❺ "그쳐라, 밥!"
❻ 표정, 몸짓을 자세히
❼ 반찬을 골고루 잘
❽ 얼굴을 씻습니다.
❾ 약속에 늦지 않게
❿ 땅이 움푹하게 파인

읽었어요!			
①	②	③	④

공부한 날 _____ 월 _____ 일

41

❶ 옛날 옛적에

❷ 많이 얻을 수 있어.

❸ 훔쳐 도망갔습니다.

❹ 숨어들었습니다.

❺ "그쳐라, 밥!"

⑥ 표정, 몸짓을 자세히

⑦ 반찬을 골고루 잘

⑧ 얼굴을 씻습니다.

⑨ 약속에 늦지 않게

⑩ 땅이 움푹하게 파인

어울리는 반대쪽 그림을 찾아 연결해 보세요.

놀이터

불러 주는 문장을 잘 듣고 받아 써 보세요.

번호	받아쓰기

칭찬해 주세요!

| 잘했어요 | 최고예요 |

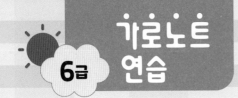

6급

가로노트
연습

불러 주는 문장을 잘 듣고 받아 써 보세요.

⑩ ⑨ ⑧ ⑦ ⑥ ⑤ ④ ③ ② ①

칭찬해 주세요!

잘했어요

훌륭해요

최고예요

돌려서 사용해요!

46

★ 7급 4단원 감동을 나누어요

① 바닷속에 가라앉고
② 배   안에 쌓여
③ 새콤달콤한 맛이
④ 양 떼를 몰고 풀밭으로
⑤ 꽃을 따 드리기로
⑥ 벌렁 드러누운
⑦ 깜짝 놀라 뛰어왔어요.
⑧ 꿩의 어린 새끼.
⑨ 왜 혼자 까투리 가족의
⑩ 숲으로 왔어요!

읽었어요!

①	②	③	④

공부한 날 _____월 _____일

❶ 바닷속에 가라앉고

❷ 배 안에 쌓여

❸ 새콤달콤한 맛이

❹ 양 떼를 몰고 풀밭

으로

⑤ 꽃을 따 드리기로

⑥ 벌렁 드러누운

⑦ 깜짝 놀라 뛰어왔어

요.

⑧ 꿩의 어린 새끼.

⑨ 왜 혼자 까투리 가

족 의

⑩ 숲으로 왔어요 !

불러 주는 문장을 잘 듣고 받아 써 보세요.

번호	받아쓰기

칭찬해 주세요!	
잘했어요	최고예요

가로노트
연습

불러 주는 문장을 잘 듣고 받아 써 보세요.

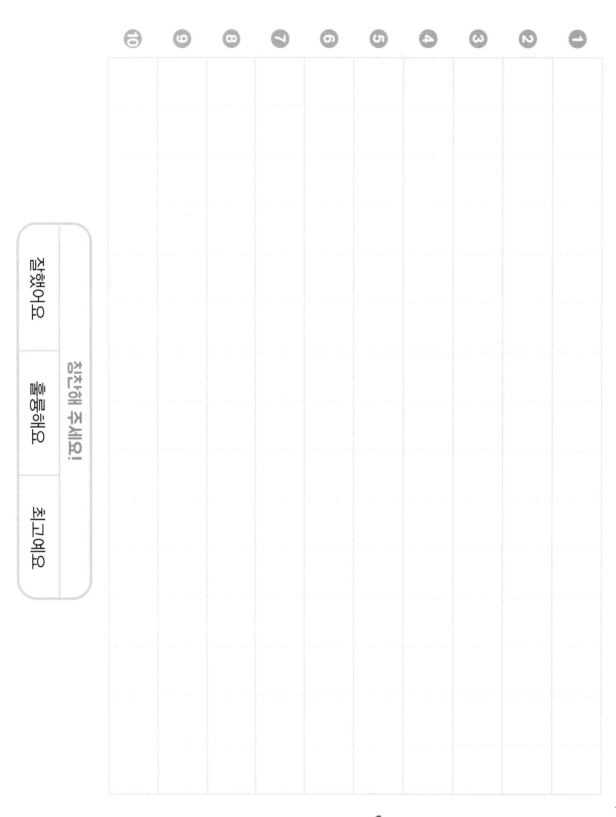

칭찬해 주세요!

| 잘했어요 | 훌륭해요 | 최고예요 |

돌려서 사용해요!

★ 8급 5단원 생각을 키워요

① 젊어지는 샘물
② 흠뻑 빠졌지만
③ 책을 펼치면
④ 금방 뚝 떨어진다.
⑤ 기특하구나.
⑥ 돌리기를 포기하지 않고
⑦ 맨 아래 쪽 빈칸부터
⑧ 웃음은 힘이 세다.
⑨ 도토리를 돌려주세요!
⑩ 꽉 움켜쥐고

읽었어요!

①	②	③	④

공부한 날 _____ 월 _____ 일

① 젊어지는 샘물

② 흠뻑 빠졌지만

③ 책을 펼치면

④ 금방 뚝 떨어진다.

⑤ 기특하구나.

6 돌리기를 포기하지

않고

7 맨 아래 쪽 빈칸부

터

8 웃음은 힘이 세다 .

⑨ 도토리를　돌려주세요!

도토리를　돌려주세요!

⑩ 꽉　움켜쥐고

꽉　움켜쥐고

실천 Test 8급

불러 주는 문장을 잘 듣고 받아 써 보세요.

번호	받아쓰기

칭찬해 주세요!	
잘했어요	최고예요

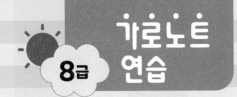
⑩ ⑨ ⑧ ⑦ ⑥ ⑤ ④ ③ ② ①

참 잘했어요!

참 잘했어요

훌륭해요

최고예요

돌려서 사용해요!

★ 9급 5단원 생각을 키워요

1 충전할 필요 없어…
2 떠다니지 않게
3 연필 한 자루
4 뭘 할 수 있어?
5 안타까웠고 응원해.
6 재주 많은 다섯 친구
7 잘 때에는 벽에 붙여 놓은
8 한글은 백성의 삶을
9 한 획을 더 그으면
10 겨울철 야생 동물의 먹이

읽었어요!

| ① | ② | ③ | ④ |

공부한 날 _____월 _____일

바른 자세로 하나하나 따라 써 보세요.

❶ 충전할 필요 없어…

❷ 떠다니지 않게

❸ 연필 한 자루

❹ 뭘 할 수 있어?

❺ 안타까웠고 응원해.

⑥ 재주 많은 다섯 친

구

⑦ 잘 때에는 벽에 붙

여 놓은

⑧ 한글은 백성의 삶을

⑨ 한 획을 더 그으면

⑩ 겨울철 야생 동물의

먹이

불러 주는 문장을 잘 듣고 받아 써 보세요.

번호	받아쓰기

칭찬해 주세요!

잘했어요	최고예요

9급 가로노트 연습

불러 주는 문장을 잘 듣고 받아 써 보세요.

1
2
3
4
5
6
7
8
9
10

칭찬해 주세요!

잘했어요	훌륭해요	최고예요

돌려서 사용해요!

★ **10급** **6단원** **문장을 읽고 써요**

① 여럿이 함께
② "오, 괜찮은데?"
③ 세 개씩 묶었어요.
④ 빨개지고 가려워지니
⑤ 종이를 뒤집어서
⑥ 밤새 전등이 켜져
⑦ 괜찮다고 했는데요,
⑧ 귓속을 청소하기도
⑨ 며칠 동안만
⑩ 눈곱만큼도요!

읽었어요!

| ① | ② | ③ | ④ |

공부한 날 _____ 월 _____ 일

① 여럿이 함께

여럿이 함께

② "오, 괜찮은데?"

"오, 괜찮은데?"

③ 세 개씩 묶었어요.

세 개씩 묶었어요.

④ 빨개지고 가려워지니

빨개지고 가려워지니

⑤ 종이를 뒤집어서

종이를 뒤집어서

⑥ 밤새 전등이 켜져

⑦ 괜찮다고 했는데요,

⑧ 귓속을 청소하기도

⑨ 며칠 동안만

⑩ 눈곱만큼도요!

아기 해마를 예쁘게 색칠해 보세요.

실천 Test 10급

불러 주는 문장을 잘 듣고 받아 써 보세요.

번호	받아쓰기

칭찬해 주세요!

잘했어요	최고예요

불러 주는 문장을 잘 듣고 받아 써 보세요.

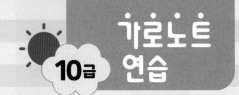

⑩ ⑨ ⑧ ⑦ ⑥ ⑤ ④ ③ ② ①

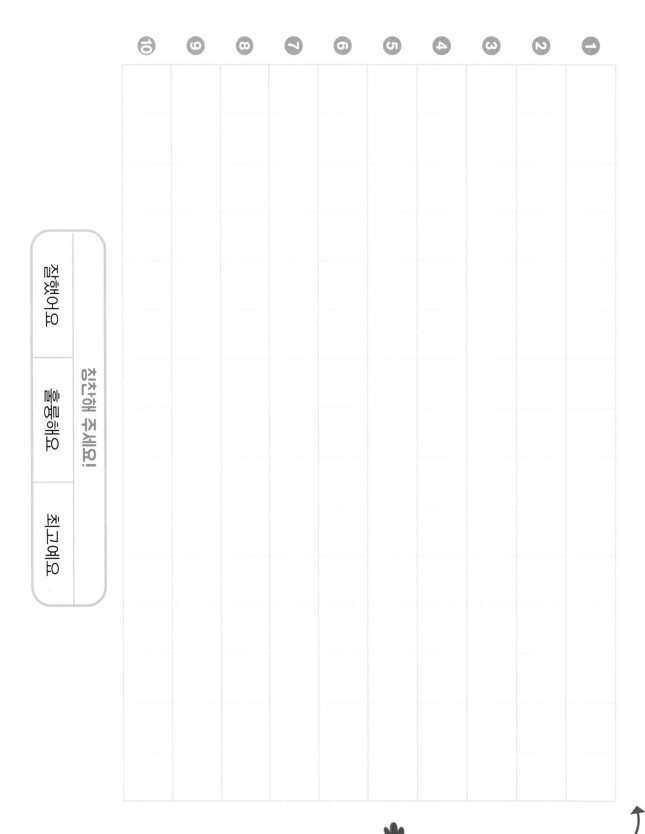

칭찬해 주세요!

| 잘했어요 | 훌륭해요 | 최고예요 |

돌려서 사용해요!

★ **11급** **6단원** **문장을 읽고 써요**

① 머리카락을 땋았어요.
② 꾀꼬리의 아름다운 목소리
③ 일회용품을
④ 자전거 페달을 돌려
⑤ 마음껏 뛰어놀았어요.
⑥ 애쓰는 게 좋단다.
⑦ 옆에 앉아 있어야
⑧ 그건 안 돼요.
⑨ 잊지 않았지요.
⑩ 맨 앞자리에 앉아야 된다고

읽었어요!

| ① | ② | ③ | ④ |

공부한 날 _____월_____일

① 머리카락을 땋았어요.

머리카락을 땋았어요.

② 꾀꼬리의 아름다운

꾀꼬리의 아름다운

목소리

목소리

③ 일회용품을

일회용품을

④ 자전거 페달을 돌려

자전거 페달을 돌려

⑤ 마음껏 뛰어놀았어요.

⑥ 애쓰는 게 좋단다.

⑦ 옆에 앉아 있어야

⑧ 그건 안 돼요.

⑨ 잊지 않았지요.

⑩ 맨　앞자리에　앉아야

된다고

실천
Test

불러 주는 문장을 잘 듣고 받아 써 보세요.

번호	받아쓰기

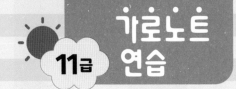

불러 주는 문장을 잘 듣고 받아 써 보세요.

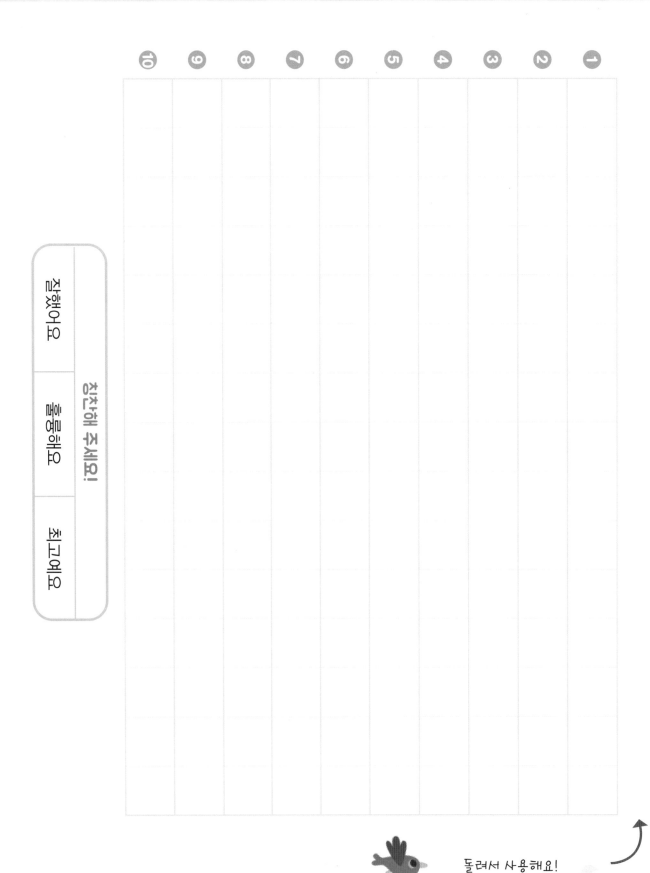

돌려서 사용해요!

76

★ 12급 7단원 **무엇이 중요할까요**

① 잡을까 봐 조마조마했다.

② 필통을 잃어버리는 바람에

③ 달콤하고 짭쪼롬했다.

④ 문어의 빨판을 본떠

⑤ 가방을 열어젖혔어.

⑥ 철석같이 약속을 하고는

⑦ 눈을 흘기면서도

⑧ 초강력 끈적 대마왕

⑨ 모두 합쳐 부르는 이름

⑩ 등대는 밤에도 불을 밝혀

읽었어요!

①	②	③	④

공부한 날 _____월 _____일

바른 자세로 하나하나 따라 써 보세요.

① 잡을까 봐 조마조마

했다.

② 필통을 잃어버리는

바람에

③ 달콤하고 짭쪼롬했다.

④ 문어의 빨판을 본떠

⑤ 가방을 열어젖혔어.

⑥ 철석같이 약속을 하

고는

⑦ 눈을 흘기면서도

⑧ 초강력 끈적 대마왕

⑨ 모두 합쳐 부르는

이름

⑩ 등대는 밤에도 불을

밝혀

불러 주는 문장을 잘 듣고 받아 써 보세요.

번호	받아쓰기

칭찬해 주세요!

잘했어요	최고예요

불러 주는 문장을 잘 듣고 받아 써 보세요.

⑩ ⑨ ⑧ ⑦ ⑥ ⑤ ④ ③ ② ①

참잘해 주세요!

잘했어요	훌륭해요	최고예요

돌려서 사용해요!

★ 13급 7단원 **무엇이 중요할까요**

① 뚫어지게 쳐다봤어.

② 깨끗이 깎아 오기.

③ 연필도 싹 사라졌는걸.

④ 흥미롭게 느껴졌다.

⑤ 개미집에 꼭꼭 숨었나 봐.

⑥ 살짝 도망갔나 봐.

⑦ 잘 달라붙습니다.

⑧ 얄밉게 끼어들었지.

⑨ 갈고리 모양의 가시

⑩ 쉽게 붙였다 떼었다 할 수

읽었어요!

| ① | ② | ③ | ④ |

공부한 날 _____ 월 _____ 일

83

① 뚫어지게 쳐다봤어.

② 깨끗이 깎아 오기.

③ 연필도 싹 사라졌는

걸.

④ 흥미롭게 느껴졌다.

⑤ 개미집에 꼭꼭 숨었

나 봐.

⑥ 살짝 도망갔나 봐.

⑦ 잘 달라붙습니다.

⑧ 얄밉게 끼어들었지.

⑨ 갈고리 모양의 가시

갈고리 모양의 가시

⑩ 쉽게 붙였다 떼었다

쉽게 붙였다 떼었다

할 수

할 수

불러 주는 문장을 잘 듣고 받아 써 보세요.

번호	받아쓰기

칭찬해 주세요!

잘했어요	최고예요

불러 주는 문장을 잘 듣고 받아 써 보세요.

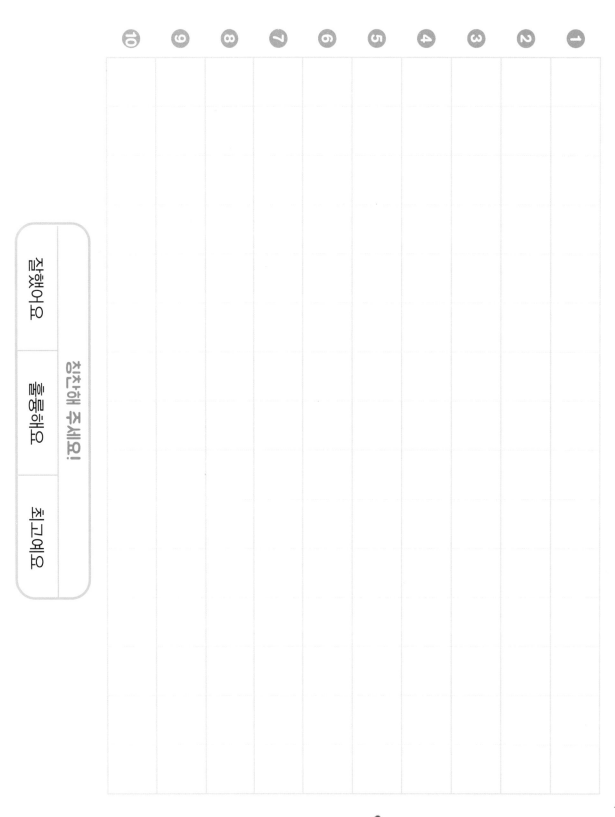

칭찬해 주세요!

잘했어요 | 훌륭해요 | 최고예요

돌려서 사용해요!

★ 14급 8단원 느끼고 표현해요

① 창 문 에   재 채 기 했 다
② 내   착 각 이 었 어 .
③ 농 부 가   밭 을   갈 다 가
④ 버 터 에   달 달   볶 은   다 음
⑤ 텅 텅   빈   상 자
⑥ 준 이 가   준   쪽 지 가   있 었 어 .
⑦ 내 가   뽑 혔 다 는   걸 .
⑧ 브 로 콜 리   섞 어   주 고
⑨ 가 방 도   다   누 웠 다
⑩ 맨 날   같 이   놀 던

읽었어요!

①	②	③	④

공부한 날 _____월 _____일

1. 창문에 재채기했다

2. 내 착각이었어.

3. 농부가 밭을 갈다가

4. 버터에 달달 볶은

다음

⑤ 텅텅 빈 상자

⑥ 준이가 준 쪽지가

있었어.

⑦ 내가 뽑혔다는 걸.

⑧ 브로콜리 섞어 주고

⑨ 가방도 다 누웠다

⑩ 맨날 같이 놀던

불러 주는 문장을 잘 듣고 받아 써 보세요.

번호	받아쓰기

칭찬해 주세요!	
잘했어요	최고예요

14급 가로노트 연습

불러 주는 문장을 잘 듣고 받아 써 보세요.

⑩ ⑨ ⑧ ⑦ ⑥ ⑤ ④ ③ ② ①

칭찬해 주세요!

잘했어요   훌륭해요   최고예요

돌려서 사용해요!

또박또박 여러 번 읽어 보세요.

★ 15급 8단원 **느끼고 표현해요**

① 목도 쏙 집어넣고
② 서로 토라지기도
③ 깃털을 한 웅큼
④ 다 따라 해 볼 거거든.
⑤ 건널목에서 마주쳤습니다.
⑥ 옷깃 사이로 집어넣고도
⑦ 효과가 없는 거야?
⑧ 뉘우치지 않았습니다.
⑨ 자그마한 실수를 부풀려
⑩ 항아리를 깨부숴야겠어.

읽었어요!

| ① | ② | ③ | ④ |

공부한 날 _____ 월 _____ 일

바른 자세로 하나하나 따라 써 보세요.

① 목도 쏙 집어넣고

② 서로 토라지기도

③ 깃털을 한 웅큼

④ 다 따라 해 볼 거

거든.

⑤ 건널목에서 마주쳤습
니다.

⑥ 옷깃 사이로 집어넣
고도

⑦ 효과가 없는 거야?

⑧ 뉘 우 치 지 않 았 습 니 다 .

⑨ 자 그 마 한 실 수 를 부

풀 려

⑩ 항 아 리 를 깨 부 쉬 야 겠

어 .

불러 주는 문장을 잘 듣고 받아 써 보세요.

번호	받아쓰기

칭찬해 주세요!

잘했어요	최고예요

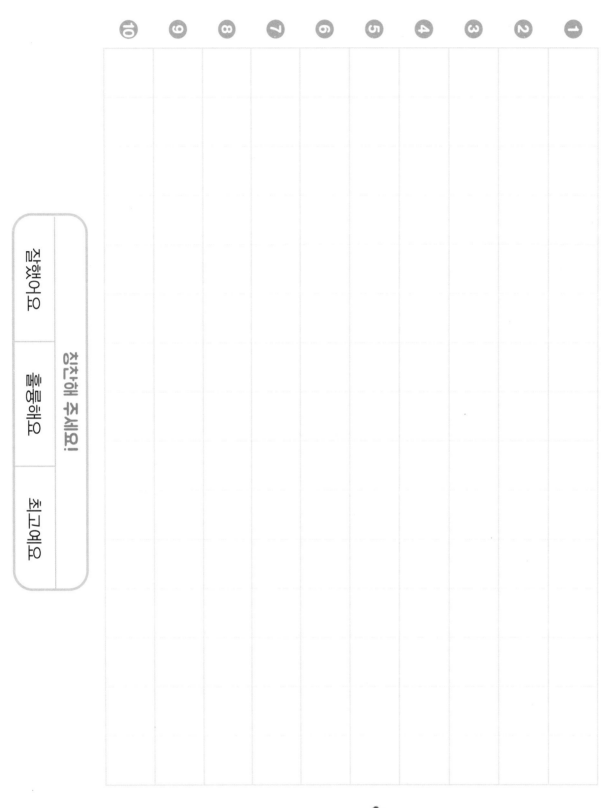

① ② ③ ④ ⑤ ⑥ ⑦ ⑧ ⑨ ⑩

참 잘했어요   훌륭해요   최고예요

칭찬해 주세요!

돌려서 사용해요!